김주호 시집

사람
없는
⋮
풍경

사람 없는 풍경

발행일	2025년 9월 5일			
지은이	김주호			
펴낸이	손형국			
펴낸곳	(주)북랩			
편집인	선일영		편집	김현아, 배진용, 김다빈, 김부경
디자인	이현수, 김민하, 임진형, 안유경, 신혜림		제작	박기성, 구성우, 이창영, 배상진
마케팅	김회란, 손화연, 박진관			
출판등록	2004. 12. 1(제2012-000051호)			
주소	서울특별시 금천구 가산디지털 1로 168, 우림라이온스밸리 B동 B111호, B113~115호			
홈페이지	www.book.co.kr			
전화번호	(02)2026-5777		팩스	(02)3159-9637
ISBN	979-11-7224-785-0 03810 (종이책)		979-11-7224-786-7 05810 (전자책)	

잘못된 책은 구입한 곳에서 교환해드립니다.
이 책은 저작권법에 따라 보호받는 저작물이므로 무단 전재와 복제를 금합니다.
이 책은 (주)북랩이 보유한 리코 장비로 인쇄되었습니다.

(주)북랩 성공출판의 파트너

북랩 홈페이지와 패밀리 사이트에서 다양한 출판 솔루션을 만나 보세요!

홈페이지 book.co.kr • **블로그** blog.naver.com/essaybook • **출판문의** text@book.co.kr

---

작가 연락처 문의 ▶ ask.book.co.kr

작가 연락처는 개인정보이므로 북랩에서 알려드릴 수 없습니다.

차례

사람 없는 풍경 _ 10
향기 _ 12
그대 _ 14
주차 _ 16
당신 _ 18
컵 _ 20
나홀로 _ 22
이 밤에 _ 23
기다림 _ 24
사랑 _ 27
베르가못 _ 29
청첩장 _ 30
가라앉는 사랑 _ 31
바람의 문장 _ 33
들판 _ 34
볼 수 없는 것 _ 36
점자 _ 38
현충(顯忠) _ 40
찰나의 시간 _ 42
그 힘듦을 있는 그대로 인정하기 _ 43
하루 단위로만 살아보기 _ 44

밤기차	_ 45
기립성 저혈압	_ 47
허물	_ 48
편지 2	_ 49
별	_ 51
청춘	_ 55
하늘색	_ 56
밝게 빛나는 밤	_ 59
인종이라는 수치	_ 60
삶은 과연 무엇일까	_ 62
해파리	_ 64
불면의 동지들에게	_ 66
사과	_ 69
(싯누런 꿈)	_ 70
미치도록 사랑한 흔적	_ 72
세 죽음 한 이름	_ 73
안개 속	_ 78
바람 속 손길	_ 80
눈싸움	_ 82
외투	_ 83
공식	_ 84

미래의 가장 아름다운 음악 _ 85
속도 _ 86
마음 _ 88
금요일 _ 89
소녀 _ 91
상처 _ 92
인맥 _ 94
그대에게 닿는 시간 _ 95
슬픔의 발자국 _ 98
선에 대한 동경 _ 99
신께 아뢰오니 _ 100
닿을 때까지 _ 101
당신 _ 102
나무 _ 103
여름 _ 105
삶 _ 106
나의 벗 _ 107
네 편 _ 109
인간 _ 111
연탄 _ 112
시 _ 113

연소	_ 114
안개비	_ 116
기억의 속성	_ 117
사랑	_ 119
시를 쓰다	_ 120
고백	_ 121
사랑 2	_ 123
춘멸	_ 125
상처	_ 127
재생의 과정	_ 129
도미노	_ 131
OFF	_ 133
계단	_ 135
사랑시	_ 136
오늘 하루	_ 138
삶이라는 여행	_ 140
여행	_ 142
여행 2	_ 144
도화지	_ 146
봄이 왔던가	_ 148
질투	_ 150

책갈피	_ 152
첫사랑	_ 154
우리는 모두 별의 파편이었다	_ 156
우주가 너에게 반했을 때	_ 158
그 사람은 내 안에 바다를 놓고 갔다	_ 160
흐름	_ 162
그런 나에게	_ 163
변화의 길	_ 165
파도	_ 167
잊혀지는 삶의 조각들	_ 168
삶 2	_ 169
잊힌 조각들	_ 170
햇불	_ 171
향수	_ 172
-랜덤-	_ 173
열차	_ 174
주사위	_ 175
선택	_ 177
나만의 멋	_ 178
고요한 밤의 기록	_ 180
-무더운 주말 밤-	_ 181

소나기	_ 183
인생	_ 184
경외	_ 185
여름은 가만히 뜨거웠다	_ 187
어항	_ 189
녹슨 자물쇠	_ 191
사랑의 방식	_ 193
외눈박이 난쟁이	_ 195
장마의 숨	_ 197
너에게 나는	_ 198
시간	_ 200
쇠똥구리	_ 201
가장 조용한 폭풍	_ 202
비	_ 204
비 오는 오늘, 세상은	_ 205
바람	_ 206
새벽 공기	_ 208
너에게 빠지다	_ 209
너에게 흠뻑 젖고 싶었다	_ 210

사람 없는 풍경

창밖은 오늘도

사람 없는 거리

나뭇잎들만

조용히 제 자리를 지킨다.

길거리엔

발자국조차 하나 없는 거리에

바람만 머물다 가고

사람이 사라진 풍경은

기다릴 존재도 없어진

풍경 속에서

나의 존재도 점차 사라진다

향기

저는 아직 소란히 살아가고 있달까요
정작 뱉는 것은 적요뿐이건만
심장 깊숙한 곳 철썩이는 파랑이마냥 요란해요
솟구치는 여흔들이 어느 순간 지독하게 짙어져
머릿속을 틀어막는데 여간 어지럽지 않습니다

그대는 안녕하신가요
우리 겹겹이 나누던 시간들은 모조리 빛바래
상공으로 홀연히 산개하는데
저는 차마 파편까지 붙들 손이 부족하기에
당신이 그것들을 조각조각 모을 수는 없을까요
고운 열 손가락 바삐 움직여가며 두 손바닥 그득 차게 쌓인 옛사랑을
들이마셔요

숨에 섞여드는 향수가 날숨에 새어 나오면
그때는 아득하게 붉은 들녘을 바라봐요
두터운 구름이 황혼을 그러안고 유영하는 것을
그대 홀로 웅망하는 것은 조금 외롭지 않나요

그저 사랑한다는 껍데기뿐인 음성 한 번으로도 저는 단숨에 어깨를
내어줄 수 있다는 걸 알아뒀으면 한답니다

그대

그대가 작디작은 상자 안에 담기었소
향을 컨 지 오래인데 그 연기가 자욱하오

그래 그대 쇄골은 이쯤이겠지
조금 젖은 유골함에 손을 휘적이오

알칼리의 그대여 불태워진 육신이여
그대 이제 가노니 안개꽃밭 가운데로

무채색의 그대여 바스라진 육신이여
그대의 뼈는 여전히도 쓰고도 쓰오

서걱서걱 이런 소리였지
그대를 씹는 소리는 아직도 익숙지 않아서

그대 유골은 점점 줄어가오

내 목젖 너머로 아득히도 멀어져가오

문득 고요한 너를 바라보았다

미동조차 없는 너는 꽤 섬뜩하였다

네 눈 속의 세계는 온통 안개가 자욱해서

낙엽은 더 이상 바스락대지 않고

그 한 치 앞이 보이질 않고

더 이상 네 눈에 내가 비치지 않고

그 세계에는 계절이 없대요

항상 안개뿐이에요

너를 껴안았다

네가 내 품속에서 흩어져 무너져 내린다

그 자리에 남은 게 있었던가

너는 이제 내 세계 속에서

안개꽃 한 다발로 잔존한다

주차

주차할 곳을 찾다
너의 집 근처로 흘러들었다

아니, 거짓말
이 넓은 도시에
작은 차 한 대
댈 곳 없었을 리 없지

몇 바퀴고 몇 바퀴고
좁아진 도시를 헤메다
길을 잃고, 아니
길을 잃은 척하며
익숙한 곳에 머물렀다

차를 세울 땐

네가 보일지도 모를 시간

차를 뺄 땐

네가 보이지 않을 시간이다

당신

여전히 날 묶고 있었어.
너를 지금부터 사랑해도
부족하겠지만,
오늘 내리는 비는
언젠가 아름다운 숲을 이루는
나무들이 될 거야.
그 숲을 이루게 두겠어.
내가 이 숲을 사른다 해도
널 사랑하지 않는 건 아니니까.
우리는
더 멀어질 사이가 될까.
아쉬움 속에서
너에게
사랑한다,
글로 고백하고 있네.
너에 대한 마음이
나를 비추고 있어.

과거의 흔적은

타버린 재처럼 느껴지고,

광대처럼 웃기려는 몸짓 아래

슬픈 눈을 뜨고 있네.

좀 더 많이 걸어야 한대도

너에게 달려가야만 하는

나의 마음이,

살아 있는 심장처럼

같은 말을 반복하고 있어.

겨울에 꽃이 피는 것만큼이나

어려울지 몰라.

다시,

나에게

마음을 주는 거 말이야.

그래도 한 번쯤 나와달라고 말할게

예쁜 옷의 선물과 멋진 옷을 입고서

나의 사랑한다는 마지막 고백은 들어 주겠어?

네가 내게 돌아온다면 매일매일 이 노래를 불러줄게

가장 멋진 옷과 가장 멋진 나날을 선물해 줄게

모든 것을 너의 손에 둘게 사랑해 너무나도 사랑해

컵

컵은
예고도 없이
넘어졌다

마른 수건으로
젖은 마음을
감추듯
닦고 또 닦았다

서늘한 빛이
천천히 번졌다

지워지지 않는 얼룩처럼
네 말 한마디가
불쑥 생각났다

무엇 하나
깨지지 않았지만

조용히
무너진 것이 분명 있었다

나홀로

고통이 남긴 나의 발자취를 보니
슬퍼 눈물이 나고
기뻐 눈물이 납니다

고통과 함께 걸은 세월을 헤아리니
그 어떤 친구보다도 정겹게 느껴집니다

오늘 밤도 고통과 긴 담소를 나누고는
나 따스히 그것을 껴안고
잠이나 청하렵니다

이 밤에

넘기기 힘든 이 밤에는
작은 별마저 절 무시하는 듯 보입니다

드리운 저의 그림자가 제게 신음하고
쥐어뜯은 머리카락이 힘없이 떨어집니다

적막 속에 피어난 눈물이 달빛에 비추어 빛나니
이것이 인간의 아름다움입니다

기다림

한 번 저어 둔 누룩이
일주일 지나 잘도 삭아서
부글거리며 하얗게도 올라왔더라

내가 스물이었다면,
냅다 통째로 쏟아부어
누르고 밟고 쥐어짜
밤새 친구와 탁주(濁酒)를 마셨겠지

그러나 며칠 전 나는
통 안에 담긴 아직은 아무것도 아닌 것들을
조심스레 작은 통들에 나누어 두고
미리 싹 비워 둔 냉장고에
줄지어 그 아이들을 세워 놓았었네

어제 아침 냉장고에서 그 친구들을 꺼내어보니
가라앉을 것들은 모두 가라앉고
근심 없이 맑은 아이들만 조용히 모여 있더라

내가 서른이었다면,
그 맑은 청주(清酒)를 먼저 한 모금 마시고
흡족한 목소리로 친구들을 불러 모아
더러운 세상을 안주 삼아 밤새 취했겠지

그러나 오늘 아침 나는
조심스레 주사기로 뽑아 낸 청주들을
증류기에 담아 두고는
- 옛날 식으로는 도저히 할 수 없어
동네나 한 바퀴 돌아보고
새로 생긴 카페에서 라테나 한 잔 마시고
돌아와 새로 뽑힌 소주(燒酒)들을 만났네

내가 마흔이었다면,
다급한 마음으로 모든 일정을 취소한 뒤
무슨 안주를 만들어야 할까를 고민했을 텐데
지금 나는

아직은 반투명한 저 소주(燒酒)들을 다시

증류기에 들이부어 예약 타이머를 걸어 두고는

소위 2차 증류라는 걸 하고 있는데

이따가 집에 돌아와

투명한 소주(燒酒)의 냄새를 한 번 맡고는

코르크 마개 달린 술병에

몇 번이나 고생한 그 친구들을 꼭꼭 눌러 담아

냉장고 구석에 조용히 모셔 두어야 할 것이다

언제고 네가 아무렇지 않게 돌아와

술을 내놓으라 하는 날이 오면,

아무렇지 않은 얼굴로

아무렇지 않게 빚어 놓은 이 술들을 도와

너의 밤을 잡아두기 위해서

사랑

멀어지는 너에게서 파도는 날 갈라버리고

몸과 마음이 떨어져 볼 수가 없어도

여전히 사랑하리라

모래성은 휩쓸러 무너지고 우린 등을 졌대도

마주했던 기억이 있던 자릴 들러서

가끔씩 살아가리라

우리는 이별했지만

원하지 않은 사랑 하진 않았기에

절대 후회도 의심도 미련도 없다

베르가못

칙, 하고 뿜어질 때마다
기대가 투명하게 번집니다
갓 묻은 향은 희미한 알콜 같아
좋은가 싶은 생각도 잠시
나는 압니다, 이내 잔잔해질 것을

향이 옅어집니다
기대도 따라 희미해집니다

시트러스가 머스크로 가라앉습니다
당신이 좋아했던 그것은
바람 속으로 흩어져 갑니다
나는 무엇으로 가라앉고 있을지
가만히 헤아려봅니다

잘 모르겠습니다
잘 모르겠는 채로 한참 서 있습니다

청첩장

읽지 않은 초대장
한 달은 접혀진 종이의 허리

식은 잘 올렸니
우리는 친했었니
전화라도 하지 그랬니

정원에 여백을 남겨둔 이유
지금의 나에게
축하할 얼굴이 없어서

가라앉는 사랑

가슴이 찢어질 듯이 아파온다
내 심장이 저 낮고 깊은 심해로
가라앉는 도중

들려오는 너의 목소리,
넌 날 애타게 찾고 있다

그 목소리에 마치 중력처럼 이끌려
나는 머리가 터지게
숨을 꾹 누르고 눌러 참은 채
다시 위로, 위로
너에게 닿기 위해
절망 속에서도 손을 뻗는다

하지만 너의 목소리는
물결과 춤을 추고 일렁이며
점점 멀어지고

나는 다시
저 어둠 아래로 가라앉는다

네가 웃던 날의 빛이
심해 속 빛줄기가 되어 내 눈앞에 펼쳐지고
차가운 물살 틈으로
함께 지내왔던 순간들과
따스한 기억이 온몸에 스며든다

너의 부름이
이젠 닿지 않는 걸 서서히 눈치챘다
그래도 난
그 옅은 울림 속에서
마지막으로
너를 떠올리며 가라앉는다.

숨이 쉬어지지 않는다
버겁다

바람의 문장

바람이 지나간 자리엔
홀로 되새길 기억들만 남아 있었다.
창을 두드리던 기억,
긴 머릿결을 쓰다듬던 입김처럼.

그 누구도 붙잡지 못한 이름을
나는 여전히 부르고 있었다.
아주 오래된 언어처럼,
잊히되 사라지지 않는 속삭임으로

그래서 나는 지금도 창을 연다.
그대가 다시 한번 지나가기를 바라며
다시 한번 들려오기를 바라며

들판

넓은 들판이 희미하게 바래지고
어느새 우리 곁에 머문다
선선한 바람이 되고
따스한 품이 되고

바람이 부드럽다
들판 끝으로 흘러간다
비가 내리고
꽃이 피고
나뭇잎이 흔들린다

우리는 멈춰 서고
서로를 바라보며
아무 말 없이 지나간다

글자들은 흩어지고

발자국은 사라지고

들판은 그대로 남는다

볼 수 없는 것

나는 내 주변을 쓸 수 없다
쓰지 않으므로 의미는 사라진다
사라진 의미 속으로
말로는 표현할 수 없는
어떤 것이 스며든다

말하지 않아도 알고
보지 않아도 느껴진다
중심은 내가 아니다
그러나 모든 의미는 나를 향한다

그래서 말할 수 없다
말하면 멀어지기 때문이다
인식하면 사라진다
인식하지 않으면 남는다

의미는 없다

그러므로 의미는 있다

점자

볼록하게 나와 있는
작은 점 하나.
그 점 하나가 나에게
그리고 당신에게
얼마나 큰 힘이 되는지
너는 알고 있을까?
말 없이, 묵묵히
너의 존재를 점 하나로 알려주는
그런 네가 있기에
나는 오늘도
손 끝으로 너를 매만진다.
그리고 너에게 속삭여 본다.
오늘도 한 걸음씩
앞으로 갈 수 있게 해준 네가 있어
정말로 좋다고.
그 속삭임이
나에게도, 너에게도

힘이 되는 그런
속삭임이 될 수 있기를.
언젠가 네가 닳아지더라도
너는 영원히 내 마음 속 깊숙한 곳에 남아
빛나고 있을 거야.

그러니까 늘 당당히 볼록한 네 점 하나를
내 손가락이 만질 수 있도록
해주겠니?
너는 점 하나만으로도
빛나는 존재임을 알아줘.
그리고 언제나
내 곁에 있어줘 고마워.

현충(顯忠)

길거리에서 폐지를 줍는 사람이 있다

누군가 조그만 감사라도 전하길 기도하며
모자를 푹 눌러쓴 사람이 있다

마음속에 태극기 굳게 새겨져 있지만
심장에 또한 총소리, 대포 소리, 비명 소리 있다

손끝을 떨며
동료의 묘비를 어루만지는 사람이 있다

피 튀기는 고통이 살을 에어도
내 가족, 내 조국을 위하였던,

지워지지 않을 무수한 상처를 알면서도
국가에 헌신한 사람이 있다

해가 뜬다
지금 이곳에

오늘이 있다.
사람들이 있다.

찰나의 시간

어느 별에서 살았건
어느 별에서 태어났건

긴 생에서의 기억보다
아주 짧은 찰나의 순간이
더욱 선명하게 기억되어

내 기억을 억만년 되돌리며
그 순간 태양빛마저도
블랙홀처럼 빨려든다

그 힘듦을 있는 그대로 인정하기

힘든 감정은 억누를수록 더 깊어져요. 괜찮은 척, 아무렇지 않은 척 하려 하지 말고,

"나는 지금 너무 힘들다"
"감당이 안 된다"
"이 고통은 진짜다"
라고 스스로에게 말해주세요. 그것은 약함이 아니라 인간다움이에요.

하루 단위로만 살아보기

미래를 생각하면 불안이, 과거를 떠올리면 후회가 덮쳐옵니다.
그러니 당장은 오늘 하루만 살아보세요.

"오늘 하루만 어떻게든 버텨보자."
내일은 그다음에 생각해도 늦지 않아요. 지금의 숨 하나, 밥 한 끼,
짧은 휴식 하나가 중요합니다.

밤기차

밤기차에 그대를 보내고

온전한 어둠 가운데

사라져 버리는

그대를 태운 기차

마지막 인사도 제대로 못하고

얼버무린 나의 부족했던 마음

언제 다시 만나서 나의 마음을

전해 볼 것인지

세월은 하루하루가

빠르게 지나건만

빛바래가는 그대와의

희미한 추억은

어두운 밤기차로 떠난

그대 모습처럼

아득한 추억 속으로

사라져 가는구나

기립성 저혈압

주위가 어둡다
항상 누워만 있던 내겐
너무도 높은 곳인가보다
쓰러지듯 뛰어내리자
풍덩 소리와 함께
의식으로 빠져 허우적대다
기절하듯 잠들다

허물

반짝이는 허물을 뒤집어 쓴 기분이다
그들의 호의는 나를 향하나
정작 내게는 닿지 못하고 있다
그들은 내 모습을 모른다
반갑다며 마주한 나는 허물일 뿐이다
허물을 벗어야 할까
추악한 나신을 보일까
변할 그들이 무서워 오늘도 고민에 그친다
아니, 실은 나 자신이 무서워 그친다

편지 2

일 끝나고 돌아온 너를 앉혀두고
양말을 벗기고
네 작은 발을 대야에 담그고
두 손으로 네 발바닥을 감싸고
엄지발가락부터 하나하나씩
내 두 개의 엄지손가락으로
천천히 아주 천천히
네가 간지럽다고 까르르거리더라도
새끼발가락까지 문지르고 씻어
발바닥도 비누로 살살 비비고
발뒷꿈치 둥글게 쓰다듬어
네가 참방참방 물을 튀기더라도,
맑은 물을 다시 받아
한 번 더 똑같이 헹구고
네 작은 발을
하이얀 수건으로 감싸고 보듬어
엄지발가락부터 하나씩 하나씩

누르고 비벼서
새끼발가락을 지나 발바닥으로
발뒷꿈치를 지나 복사뼈 닿는 곳까지
꼭꼭 눌러
주름 사이의 물기도 모두 닦아내고
드라이기를 꺼내어
아주 약한 바람으로 열 발가락을 다 말리고
잘 말려 둔 고동색 양말을 신기고
너를 안아 식탁 의자에 앉힌 후
발을 지나 무릎을 건너
입술에 내 입을 맞추고
꿇었던 내 무릎을 일으킬 때

네가 나를 꼭 안아주었으면 좋겠어
매일 저녁이 그럴 수 있다면 좋겠어

별

나는 별을 좋아한다.
어릴 적
별을 보면서 빛나는 사람이 되고 싶었다.

히어로란 무엇인가
누군가를 구해주고
치료해 주는 사람

절망의 구렁텅이에 빠진 사람들을
구원해 주는 사람

선이란 무엇인가
악이란 무엇인가
난 아직도 그런 고민을 하곤 한다.

우리는
행동에 따라서

사람들을 선과 악으로 구분하고
히어로와 빌런으로 분류한다.

어찌 되었든
악이라도
빛나고 싶어 할 수 있는데.

선이라도
지치고 힘들어 무너지고 있을 수 있는데.

"…여기가-!"

사람들은 어째서
그런 '선'들을 '악'처럼 지칭하는 걸까.

"그의!"

나는 별을 사랑한다

또
닮아가고 싶다.

"히어로 아카데미아가 될 수 있게 해 주세요!"

무한한 빛을.

히어로가 아플 때는
누가 구원해 주나

지치고 힘들 때는
누가 위로해 주나

누가
히어로들의
'히어로'가 되어주나.

만약

밤하늘에서

빛나는 여러 개의 빛이 있다면

그것은

우리의 별일 것이다.

청춘

청춘은 왜 푸른 청을 쓰나요.
나의 청춘은 아직까지도 푸르지 않습니다
그 흔한 색조차,
나의 청춘엔,
나의 인생엔 색이 없습니다

그 모든 색이 다 보이지 않습니다
나의 생에 색을 칠해줄 사람조차도
존재하지 않습니다

그 사람 인생은 이제, 마침표만이 남았습니다
나의 인생은 아직까지도 쉼표인데,
뭐가 그리 힘들었을까요

나의 인생은 이제 흑백만이 존재합니다
그의 인생엔 무슨 색이 존재했을까요

결국엔 나에게 남은 건 흑백뿐입니다

하늘색

어느 밤,
나는 고개를 들고
하늘을 올려다보았다

어둡고, 깊고, 조용한
검푸른 하늘이
별빛 사이로 천천히 흐르고 있었다

그 순간 문득
생각이 들었다

이 하늘도 분명 하늘인데
왜 이 빛은
'하늘색'이 될 수 없을까?

누군가는 밝고 연한 푸름만을
하늘색이라 부르기로 했고

어느새 우리는
그 말에 고개를 끄덕이게 되었다

밤하늘은
늘 하늘 위에 있었지만
이름조차 갖지 못한 채
어둠이라 불리며
구석에 놓였다

마치
예전의 '살색'처럼
우리의 피부는 거기에 있었지만
누군가의 기준에서
살구색이라 해야만
존재를 말할 수 있었던 것처럼

나는 오늘
밤하늘을 다시 올려다본다

어둠 속에서 빛나는 별들보다

더 눈에 밟히는

그 푸른 어둠을 보며

속삭이듯 말해본다

"너는, 분명히 하늘색이야."

밝게 빛나는 밤

바깥은 어두운 밤이었습니다
어린 소녀가 힘차게 달리며
가로등 아래에 태양의 열기를 내뿜습니다

아, 나는 무엇을 위해 달렸는가
저 어린 소녀의 순결에 목적이 있는가
오늘 밤은 밝게 빛나는 밤이었습니다

인종이라는 수치

나도 저 아이처럼 코가 높았으면
턱 끝이 날카로운 선으로 이어졌으면
손목이 가늘고, 허리가 얇고
눈이 그 아이처럼 커다랗게 빛났으면

거울 앞에 설 때마다
내가 '나'라는 인간이라는 이유로
존재 자체가 낯설었다

같은 인종이라는 게
왜 이리 무거운지
기준이라는 감옥 속에 갇힌 삶이
너무나 싫었다

그 아이의 얼굴은

찬란하고, 정해진 정답 같고

내 얼굴은

흐릿하고, 풀리지 않는 질문 같아서

나는 '나'라는 단어를 지우고

그 아이를 흉내 내고

그러다 또, 아무리 흉내 내도

그 애처럼 될 수 없다는 사실에

울었다

나는

그 아이와 같은 인종이라는 것이

수치다.

삶은 과연 무엇일까

질문을 던지게 하는 삶?
느낌표를 주는 삶?
마침표 없는 삶?

질문을 던지게 하는 삶은
끝나지 않는 '왜'와
어떻게 속에서 자신을 탓하고,
세상을 원망하며
결국 스스로를 잃어가는 것
느낌표를 주는 삶은
벅찬 감정에 휘둘리다
순간의 선택으로 후회를 짊어지고
남은 날들을 견뎌야 하는 것
마침표 없는 삶은
사랑하는 사람의 죽음을 구경해야 하는 것

그런데 생각해보니
우리는 모든 문장부호를 살아간다
물음표의 혼란 속에서도
느낌표의 열정을 품고
마침표 없는 연속 속에서
쉼표를 찾아 숨을 고른다

삶이란 결국
완전한 문장이 아닌
미완성의 글 같은 것
그 자체의 아름다움이다

해파리

바다 한가운데
빛도, 소리도 닿지 않는 그곳에서
나는 떠다닌다.

잡히지도 않고
붙잡지도 못하며
그저 흘러가는 이 몸, 해파리.

가끔은 투명해서
세상은 나를 못 본 척하고
때론 너무 흐물거려
누군가의 상처가 되기도 한다.

그렇지만,
흐르는 건 약함이 아니라
흘리도 살아내는 강함이라는 걸
바다는 늘 말해준다.

빛나는 너, 해파리야.

네가 가는 길도

파도 위의 춤이 될 테니

오늘도 조용히 흔들려도 괜찮아.

불면의 동지들에게

한 시까지는 괜찮다
두 시까지는 그래도 어쩌면
세 시가 지나면 슬슬 포기해야 하고
네 시가 되면 불을 켤 수밖에

우유를 한 잔 데워 마시고
잠옷을 갈아도 입어보고
지루한 책을 집어들어도

심장에서 풀어져 나온
불안과 초조가
온 장기와 신경을 훑고 지나 그 자리에
또아리를 틀고 나면
여지없이 다섯 시를 넘기고 만다

안 돼.
불을 끄자

비로소 보이는

점점의 불빛들

잠 못 드는 마음들

실연일까

아픈 걸까

돈 문제일까

가족 때문일까

분노 때문일까

후회 때문일까

끝없이 싸우는 저 마음들

창문 밖 수많은 내

불면의 동지들이여

여기 너와 같이 투쟁하는 한 사람이 있다

내 불빛도 보아주길 바란다

사랑을 잃었고
우울증은 떠나지 않으며
가진 것 하나 없는데
연락 오는 친구조차 없이
아비의 죽음을 간절히 소망하며
이미 나를 저버린 지는 오래이므로

동지들이여
밤의 동지들이여
저 숱한 삶의 불빛들이여
그대와 나 다르지 않으니
서로의 불빛으로 오늘 밤만은
조금은 너그러워지리라

단결하라 동지들이여
불을 켜라 동지들이여

새벽의 동지들이여

불면의 동지들이여

사과

빨간 입술처럼 탐스러운
작은 보석 같은 과일

한 번 베어 물면
새콤달콤한 과즙이 터진다

꼭지까지 예쁜
자연이 만든 장신구

사과 따는 계절이면
나무 위로 올라가
한 움큼씩 따먹던

입 주위가 빨갛게 물들어도
멈출 수 없던 달콤함

사과 하나에도
여름이 통째로 들어있다

(싯누런 꿈)

언제쯤 언제쯤

내가 나간 세월쯤

그래 그때쯤

아주 비좁은 틈 사이로
손을 내놓고 기다린다

무언가 잡히면 잡아끈다
힘겹게 틈 사이에서 손을 빼내면

샛노란 꿈인 줄 알았건만
싯누런 피부였다

오직 그것이
나의 기억 조각

공책에서 내버려진
고동 속에서 캐어 묻은
자긍심을 척출해보자

흑백 기억 속
사파이어색 추억

어찌하여 너는
바람에 실려
이곳에 왔는가

그런 모습으로

미치도록 사랑한 흔적

나는 미쳐 있었다 사랑이라는 감정 안에서 그녀의 웃음에 취하고, 그녀의 향기에 맥을 놓았다

그녀는 아마 알지 못했을 것이다 그날의 커피 향 하나까지 내겐 얼마나 큰 의미였는지

같이 버스를 탔던 자리, 그녀가 잠시 기대던 어깨 그런 것들이 나를 살아 있게 만들었고 또 죽어가게 했다

그녀가 떠난 지금도 그 흔적은 지워지지 않는다 그녀의 눈빛은 아직도 내 시야 한편에서 웃고 있다

그녀는 모른다 사랑이란 건, 떠났다고 끝나는 게 아니라는 걸 나는 지금도, 그녀에게 미친 사람이다

세 죽음 한 이름

이름을 잊은 자여
첫 번째 죽음을 용서해라

뱀 몸 틀다
뱀 몸 틀다
뱀 몸 틀다
　　・

검은 손가락이
슈나벨을 반복했다
피는 찬비처럼 흘렀고
불은 창백히, 푸르게 타올랐다
　　・

뱀 몸 틀다
뱀 몸 틀다
뱀 몸 틀다

•

어느 날
꼬리를 잡고
스스로를 꺼내었다
허물 아래 남겨진 건
이름도, 입김도 아니었다

•

그 밤
춤은 없었고
다섯 개의 문장이
다섯 방향으로 찢겨졌다

•

우리는 뒤집힌 자리에서
기도가 아닌
피로 적신 외경을 외웠다

뱀 몸 틀다

뱀 몸 틀다

뱀, 스스로 허물을 기억하지 않았다

 •

그 아래

검은 결의 바다

침묵을 찢는 혀처럼

느릿느릿 숨을 고르고 있었다

 •

다섯 개의 연잎

다섯 번의 침묵

다섯 개의 불붙은 손가락

 •

이름을 잊은 자여

두 번째 허물은

목소리다

 •

그림자는 건반 위로 기어

귓바퀴 안에

금으로 된 침묵 하나를 남겼다

그것은 음이 아니었고

질문이었다

-너는 누구였는가

-너는 누구였던가

·

뱀 몸 틀다

뱀 몸 틀다

뱀, 목소리 아래로 숨어들었다

·

그리고 가장 마지막-

그 건반 아래

하얀 뱀 한 마리

느릿느릿
너의 숨을
되새기고 있다

안개 속

희뿌연 것들이 앞을 채워
한 치 앞도 볼 수 없는
그때에는

심장이 뛰기 시작한다

발 한 걸음을 내디딜 때
떨어질지도 모른다는

공포가

앞의 어렴풋한 검은 것이
나의에 희망이 될 거라는

기대가

저벅저벅거리는 소리가
나를 따라잡을 거라는

나만 여기에 있는 게 아니란

안도가
기쁨이

나를 해칠지도 모른다는

공포가
불안이

뭘 해야 할지 모르겠다는
엉망인 머릿속의 경종이
울리면서

내 심장을 뛰게 한다

바람 속 손길

선선한 바람이
내 몸을 감쌀 때면
당신의 손길이
문득 느껴지곤 합니다

따스한 햇살이
나를 조용히 바라볼 때면
그대와 웃던 날의
추억이 떠오르곤 합니다

바람에
그대 목소리가 실려오는 듯
낮은 숨결처럼
귓가를 스치고 사라집니다

눈을 감으면
당신이 내 곁에 있는 듯

상상

또는 현실

혹은… 착각.

눈싸움

하얀 포탄을 빚어
던지고 맞고
맞았다!
웃음소리
운동장을 가득 채운다

차가운 눈이 목덜미로
스르르 흘러내리고
누가 이기든 상관없이
그저 뛰어논다

빨간 볼을 만지며
내일 또 보자 약속한다

외투

옷장 깊숙이 걸린
작년의 외투

소매에 밴 향수 냄새
주머니 속 잊힌 영수증

다시 입어보니
어깨가 좀 넓어졌나
거울 속 내 모습이
조금 낯설다

하지만
여전히 따뜻해
이 익숙한 품

공식

외우면 외울수록
더 까먹는 것들
$a^2 + b^2 = c^2$
이차방정식의 해

시험지 위에서
머릿속이 하얘진다

분명 알고 있었는데
손끝에서 사라지는
그 완벽한 답들
공식보다 복잡한 마음

미래의 가장 아름다운 음악

아직 태어나지 않은
멜로디가 공중에 떠다닌다
누군가의 가슴에서
어딘가의 가슴에

처음 울려 퍼질
그 순간을
기다리며
기계가 만들 수 없는
떨리는 숨결

상처와 희망이 섞인
그 불완전한 완벽함

첫 울음소리처럼
세상을 울릴 음악

속도

성공은
늘 늦게 온다
우체부가 길을 헤매듯
비 오는 날, 낯선 주소를 더듬듯

한때는 속도를 믿었고
한때는 결과를 꿈꿨지만
시간은 언제나 과묵했고
그 속에서 나만 자랐다.

사람들은 정상에 올라
세상을 내려다보며 말한다
"이게 전부였냐"고
하지만 나는 안다
올라가는 길이
전부였다는 것을

그것은
박수 소리로 정의되지 않는다
말 없는 인내의 축적이고
넘어진 무릎에 남은 흉터다

그러니 나는 오늘도
작은 실패를 품고 걷는다
성공은 언젠가,
느리게
하지만 반드시 오는 편지니까

마음

버스에서 졸다 눈을 뜬
나른한 오후
연극을 보고 나오니
광안리의 해무가 짙다
피자 조각 하나둘
입이 부르다
수업을 끝내고
비도 그치자
동래의 밤공기 푸르다
버스에서 눈을 감는다
마음이 부르다

금요일

고요한 아침,
주말의 언덕을 바라보며
하루가 시작되는
기다림의 끝, 금요일은
삶의 리듬이 느껴진다.

사무실의 소음 속에서
조용히 흘러가는 시간,
한 주의 무게를 내려놓고
자유를 꿈꾸는 순간.

금요일,
커피 한 잔에 담긴 여유,
친구와 나누는 따스한 대화,
모두가 함께하는 작은 시간들.

어둠이 내려앉고,

별들이 반짝일 때,

희망의 불빛이

내일은 더 나은 날,

금요일의 끝은 새로운 시작.

소녀

소녀야, 나의 작은 소녀야.

너도 그저 사랑받고 싶었던 거야.

너도 지나가는 사람들에게
그저 눈 한번 돌리게 될
지나가는 예쁜 꽃이 되고 싶었을 뿐이야.

너도 그저 하늘 바라보면 떠 있는
작고 빛나는 별이길 바랐던 거야.

상처

어린애라고,
아직 어리다고
상처가 빨리 아문다고
어른들이 말한다
시간이 해결해준다고, 지나면 괜찮다고
그렇게 쉽게 낫는다고 어른들이 말한다

하지만 어른들의 마음속 상처는
겉으로 드러나지 않을 뿐
그 살짝 벌어진 틈새로
붉은 피가 스며 나온다

아이들의 상처는 선명하다
무슨 일 있었냐, 괜찮냐 묻지만
정말 솔직하게 대답하는 것이
옳은 일일까

나이를 먹고 마음이 깊어질수록

상처는 말끔히 사라지지 않는다

오히려 지워지지 않는

흉터만 남겨둔 채

우리를 그 자리에 붙들어 놓는다

인맥

흘리가는 행운들을
붙잡고
명분이 있는데,
나는 하여금 시류를
다시 한번 흐르게 하고 싶어
일상적인 것들로부터
일반적인 것들로부터
기분을 느끼고 싶어 하는구나

그대에게 닿는 시간

유월은
그런 달입니다.
다 말하지 않아도
마음이 스스로 이야기하는 계절.

그대가 바라보는 창가에
부드러운 바람이 닿을 때
나는 그대에게
'괜찮다'는 말을 써주고 싶습니다.

세상이 아무리
바쁘게 지나가도
그대는 그대의 속도로
지나가도 괜찮다고요.

열차는 늘
다음 역을 향해 나아가고
그대의 시간도
그러할 테니까요.

멀고,
아프고,
슬펐던 시간들은
이제는 어깨를 놓아주고

유월의 온도 안에
가만히 안기시길 바랍니다.

그대는 아직도
이름 모를 역을
지나고 있지만,

어느 날 갑자기
모든 창문이
환해지는 순간이 올 것입니다.

그때,
그대가 마음 놓고
웃을 수 있기를.

지금 이 유월처럼,
빛나는 그대이기를.

슬픔의 발자국

적막한 감각만이 방 안 그림자로 드리운다
필연이란 명제로써
그래야만 하였는가
그래야만 했었겠지
두 번 확인한다고 달라지는 건 없었다
적막감이 방 안을 감돈다
선풍기가 돌아가고
음악은 분위기를 띄운다

선에 대한 동경

나를 치고 가버리는 자전거에도
많이 다치지 않았음에 감사하고 싶습니다

내가 구한 아이가 나를 깨물어도
아이가 건강함에 기뻐하고 싶습니다

나의 노동의 대가를 받지 못해도
그가 자신의 가족을 위해 더 쓸 수 있음에 뿌듯하고 싶습니다

나를 싫어하는 모든 이에게
그들의 화가 덜어질 수 있음에 만족하고 싶습니다

나는 세상이 선한 이에게 상을 주지 않더라도
선함을 택할 기회를 준 세상에 감복하고 싶습니다

그 모든 것을 할 수 없는 나임에
나를 향한 모든 미움이 정당하리라 여깁니다

신께 아뢰오니

누구도 아닌 님만을 따르고자 함은 오롯이 나의 뜻이오
님을 경솔히 입 밖에 내지 않음은 나의 굳건한 의지요
님이 만든 모든 날을 신성히 함은 나의 거룩한 신념이오
나의 부모를 님과 같이 여김은 나의 마땅한 도리요
남을 해치지 않음은 나의 나약한 두려움이오
거짓 증언하지 않음은 나의 정당한 증오요
간음하지 않음은 나의 순수한 사랑이오
남의 아내를 탐하지 않음은 나의 엄정한 죄의식이오
남의 재물을 탐하지 않음은 나의 알량한 자존심이니
이 중에 님의 것은 오직 나 하나요

닳을 때까지

저 바람은
나를 언젠가
고요하게 만들겠지

사막의 모래처럼

흔들리지 않고
피는 꽃 어디 있을까

그냥, 가자
다 닳을 때까지

당신

당신은 아직 과거지사에
얽매여 마음의 창을 열지
못하고 있는지요

내가 외롭다고 생각이 들면
떨어지는 낙엽만 보아도
서글퍼집니다

마음에 마음에 마음에
문을 열고 새로운 마음으로
희망과 용기를 가지고
내일을 위해 위해 달려
보지 않으시렵니까
행복이란 먼 곳에 있는
곳이 아니랍니다!

나무

도봉산 바위 터
꼿꼿이 박힌 오랜 생명

뽀얀 하늘의 솜털
살포시 걸음으로 누르면서

올려다본다,
저 가지가지 마른 손들을

살아가는 것에서
실오라기 하나 못 걸치더냐

자신의 마당까지 짓밟는
속된 이들에서도,

다만 그래도 대견하게
서 있으라는 것이다

그래야만 하는 것이다
나무, 그래야만 하는 것

중얼대는 삭풍과 어우러
무심코 얼굴을 만진다.

여름

나는 여름이 밉다
애절한 것들을 다 죽이고
아련함만 남긴 채

푸른 기억을
옷소매 끝까지 밀고 들어오던
침묵으로 말을 걸던
그때를 기억한다

익은 풀 냄새가
내 코를 어지럽히던
그때를 기억한다

삶

나는 끝없이 사고하나 무엇도 변하지 않는다
무엇의 도움도 없이 나 홀로 깊은 고찰을 반복함은
외롭고 허무하며 무가치한 일인 것만 같다
나는 어찌 생각하는가
어찌하여 태어나 버렸는가
또다시 신이 내게 내린 과업의 답을 찾아 헤맨다

나의 벗

오늘도 고개는 천천히 기울고,
빛바랜 책장 위로 숨이 포개진다.

눈꺼풀은 무거운 커튼처럼 내려앉고,
의자는 조용히 한 사람의 무게를 받아낸다.

누군가는 졸고 있다고 말하지만,
나는 안다.
그건 깨어 있기 위한 다른 방식의 버팀목이라는 걸.

밤을 파먹은 눈 밑 그림자가
칠판보다 더 선명해지고,
손에 쥔 펜은 자주, 목적지를 잊는다.

바람 한 점 없는 교실 안에서
그는 매일 한 겹씩 무너진다.
말 대신 눈을 감고,
포기 대신 잠을 안는다.

나는 그 옆에서
아무 말도 하지 못한 채
조용히
그의 오늘을, 버텨본다.

네 편

네가 무너지지 않도록
나는 가끔 나를 기울였다

말 한마디 없는 하루에도
우린 서로를 놓친 적 없었다

걱정은 질문이 아니었고
위로는 설명이 필요하지 않았다

네가 울지 않기 위해
나는 대신 눈을 감기도 했고
네가 웃는 날에는
그 웃음 안에 나를 넣어두기도 했다

사계절이 여러 번 지나도
변한 건 많지만
네 옆에 앉은 마음은
한 번도 자리를 바꾸지 않았다

그러니까,

너는 몰라도 된다

내가 얼마나 네 편인지

인간

혼자서는 분쟁을 두려워하나
무리로는 두려움을 두려워하는
이기적이며 잔혹하고 비겁한 종
사랑할 수도 혐오할 수도 없는
저주받은 신의 아이들

연탄

나를 차가운 난로에 넣어줘요
내 몸은 곧 불타올라 그댈 위로하겠죠
아 얼마나 숭고한가요 내 죽음은
내 덕에 그대는 편안히 잠들겠죠
보잘것없는 돌멩이인 나는
그 자그마한 몸을 바친 순교자가 되겠죠

시

오늘의 시는
어제의 내가 쓰다 만 것을
방금의 내가 다시금 펜을 잡고
지금의 내가 종이에 꾹꾹 눌러 쓴 것.

내일의 시는
미래에 올 나의 별
그대를 위해 내가 바치는
한 잔의 와인, 한 뼘의 선물.

모레에도, 글피에도,
나는 별에게 시를 부치기 위해
펜을 잡고 책상에 앉는다.

연소

아아,
하늘아, 들리느냐
타닥타닥, 벌레 타는 냄새가 들리지 않느냐

이게 나다
타오르는 것 외엔
살아낼 길 없던, 나다!

살점이 불길에 도려내지고
나는 웃었다
이 눈물로 피워낸 불꽃은
빛이라 부르든, 상처라 부르든
나는 계속 탔다
그것이 살아 있다는 증명이었기에

하늘아,
너는 대답하지 않아도 된다
나는 안다
너도,
이 세상도

그러니 봐라
내 마지막 불꽃을
이 끝없는 연소를!

아, 당신도 그러하냐
주변을 밝히는 척하며
스스로를 태우고 있느냐

이 절규가 닿기를
하늘 끝까지 퍼지기를
덧없이 사라지기 전에

사람 없는 풍경

안개비

짙은 장막 속으로 내가 걸어갈 때
너는 내 몸을 마음껏 유린하더라
머리를 적시고는 동정이나 하는
듯이 눈물을 보이기도 하더라
몸이 젖어오는 언덕에는 바람과
마음을 적시는 계곡에는 추위로
내가 발버둥치면 흠뻑 적시더라
역시 인간의 몸으로는 역부족인가
모든 것을 내맡기니 물러나더라

기억의 속성

기억은 시간을 따라 걷지 않는다
그건 늘 한 발 늦게 도착하고
어쩔 땐 앞질러 간다

나는 잊었다고 말했지만
기억은 고개를 젓는다
구석에 접어둔 장면들이
때맞춰 펴지는 법은 없다

어떤 기억은
사진처럼 멈춰 있고
어떤 기억은
물처럼 번져 있다

가끔은
실제로 있었는지도 의심되지만
그럼에도 눈물이 흐르는 걸 보면
기억은 거짓이어도
감정은 진짜라는 걸 안다

기억은 사라지지 않는다
다만,
낮은 곳으로
조금씩
가라앉을 뿐이다

그래서 문득 멍해진 어느 날,
나는 내 안에서
나도 모르게 떠오른 문장을 듣는다
"그때… 너는…"
누구도 듣지 못한 혼잣말처럼
기억은 그렇게 남는다

사랑

사랑은
항상 말없이
떠나갔다

어젯밤,
꿈에서 깬 듯
오늘이 되었다

어젯밤에도
말없이
떠나보냈다

기억 속을 떠도는
감정들,
사랑이었나 보다

전부
놓아주었다

시를 쓰다

황혼을 비추는 눈에 기대어
감정을 뽑아내듯
그림자를 잡아당기는 저 태양은
내게서 영혼마저 빼앗는 듯하다

그렇게
사형선고를 당한 채
밤하늘 별빛도 잡아먹은
도시의 침묵 속에서

남은 어둠과 먼지를 마시며
초라해진 몸뚱이 붙잡고
시를 쓰네

고백

오늘은 그냥 말할게
내가 얼마나 자주 너를 떠올리는지
손가락 끝에서부터
가슴 한가운데까지 전부 너로 가득 차 있다는 걸

내 하늘엔
네가 장마처럼 내려버려서
숨 쉴 틈 없이
빗줄기 속에 갇혀
내 하루가 함뻑 젖어버렸다는 걸

사랑해
라는 말이
마치 부서진 유리조각처럼
네 심장에 박혀
영원히 아프게,
그러나 빛나게 기억되길 바라

앞으로 평생토록
내 마음을 쏟아부어
끝없이 하늘에 닿게 할게

그리고 우리는
그 마음 위를 밟으며
별빛 아래서 자유롭게
함께 뛰어놀자

사랑 2

사람은 가끔
자기가 좋아하는 걸
싫다고 말하잖아.

나도 그래.
사랑은 몰라,
그런 말은 못 하겠다고 하면서
자꾸 너한테서만 배운다.

너를 따라 웃는 법,
네가 말할 땐 천천히 고개를 끄덕이는 법,
그리고 아무 말 없이 곁에 있는 게
가끔은 제일 따뜻하다는 걸.

나는 전부를 줄 순 없어.
너는 그럴 자격이 있다 해도
내 마음은 늘 조심스러워서.

그래도
네가 잠들기 전
한 번쯤은 나로 인해 웃었으면 좋겠다는 생각은 해.
매일.
아주 가만히, 너 몰래.

네가 없는 자리에서도
나는 자꾸 예뻐지려 해.
말투도, 걸음도, 표정도.

그냥,
네가 몰라도 괜찮아.
그런 마음들도 있잖아.
알아주면 좋고, 몰라도 사라지지 않는.

아무 말도 안 했는데
다 네 얘기였어.
오늘 하루도.

춘몽

신이 되려 했다.
날개를 찾았다, 날개를 달았다.
지옥에서부터 올라온 손을 떨쳐내고
날개를 펼쳤다, 날개를 휘적였다.

천장을 넘어 저 끝까지
날아가던 날개는 추락했다.
하늘이 아닌 지하에서
그 속으로 떨어졌다.

찢어진 채 바닥에서 나뒹굴던 건
가벼운 전단지 하나였다.
누구나 들이마실 수 있는
가벼운 환각의 내용이었다.

행복을 위해 숨을 멈추고
내일을 위해 숨을 쉬고

뉘우치기 위해 숨을 멈추고
미소를 위해 숨을 쉬었다.

거리에 눌러앉아 바라보면
지나가는 인연들은 말 그대로 지나가고
받아들였던 사랑들은
제 발로 흩어진다.

공중에서 흔들리는 빛을 머금었던 이
땅속의 굴에서 빛을 가지지 않았던 이
처음부터 두 손에 모래밖에 쥐고 오지 않은
길을 배회하는 미아일 뿐이다.

상처

상처가 될 일인 걸 알면서도

아팠지, 우리가 함께하는 동안
힘들었지, 서로를 바라보는 동안

알고 있었어
결국 우리의 사랑은
상처로 남을 거라는 걸

알면서도 놓지 못했어
네가 너무 반짝거려서
그 반짝거림에 녹고 싶어서

이렇게 아플 줄 알았더라면
나는 너를 놓을 수 있었을까
아니, 난 알았어도 똑같았을 거야

어떻게 너를 안 사랑할 수 있겠어
이렇게나 예쁜 너인데

맞아, 상처가 될 일인 걸 알면서도
나는 지독하게 너를 사랑했어

그게 내 숙명이고,
존재의 이유였으니까

재생의 과정

처음엔 거칠었다
피가 묻은 자리 위에
투명한 막이 얹히듯
무언가
나를 덮고 있었다

조금씩 색이 바랬고
손끝으로 건드리면
딱 하고 소리 날 것처럼
단단해졌다

때로는
벗기고 싶었다
지워진 듯 보였지만
그 아래엔
아직 붉은 속살이 살아 있어서

그저
기다리는 수밖에 없었다
손대지 않아도
조금씩
말라가고
조용히
떨어져 나갔다

그 자리에
작은 흔적 하나 남았지만
그건
내가 다시 자라났다는 증거처럼
빛을 머금고 있었다

도미노

인간들과의 보이지 않는
감정의 전쟁

강한 멘탈을
자랑이라도 하듯이
꿋꿋하게 지켜왔지만

나와는 너무나 틀린
사고를 가진 악의 세력들은
화합은 전혀 없고
분열을 좋아하기에

나의 의도와는 정반대
되는 결과물을 가져왔다.

의도치 않은 결과에
나의 강했던 멘탈은
순식간에 도미노처럼
무너져 버렸다…

앞으로 이 트라우마를
극복하고 어떻게 하면
과거와 같은 멘탈을
다시 찾을 수 있을까.

OFF

나는 종종 그런 생각을 한다.
모두가
전원이 꺼지듯
죽었으면 좋겠다고.
소리 없이,
빛도 없이,
그저 탁— 하고 사라지는.

사람들은
내 생각이 무섭다 했다.
생은 더 아름답다고,
끝은 그렇게 차갑지 않다고.

하지만,
사랑도, 분노도
모두 지쳐 사라진 뒤
남는 건,
껍질 같은 하루뿐이었다.

그리고 나도
스위치 하나 눌러
이 긴 하루를
마침표 찍듯
꺼버렸으면.

불필요한 감정 없이,
눈물 한 줄기 없이,
모두가 동시에,
고요하게 사라졌으면—
그저 전원 OFF.

계단

계단 참 신기하지 않아?
위에서 아래로 내려다보면
끝이 없는 낭떠러지처럼 보이는데,
한 발 한 발 내려가다 보면
언젠가는 발끝에 도달하는 마지막 칸이 있어.

시야는 속이지만
몸은 진실을 기억하지.
끝이 있다는 걸,
도착할 수 있다는 걸.

그래서 무섭지만
계단을 딛고 내려가.
끝을 믿으니까.

사랑시

사랑시는 너무 뻔해서
한낱 단어들의 집합으로
사랑을 증명한다는 게 싫어서
일부러, 외면했다

하지만 끝내,
나는 너를 적고 마는구나
사랑한다 속삭이는구나

내 마음을 표현하는 방법은 수천 가지지만
그 수많은 속삭임 사이에서
너만 알아들을 수 있는 가장 방법이기에,
끝내 사랑을 쓴다

그것이
수많은 단어 속에 묻히지 않는
오직 나와 너만의 비밀 언어라 믿기에

말한다
나는 오늘도 사랑해본다

오늘 하루

여러분들 자기 전에 한마디만 하겠습니다!
오늘 여러분들의 하루는 어떻게 지냈나요…?
누구는 힘들고 또 누구는 즐겁게 지낼 거라고 믿습니다!
또 그냥 그런 날이 있잖아요

세상은 평소처럼 똑같이 흘러가는데 유난히 왜 나를 괴롭히는 날 별것도 아닌 일로 다투기도 하고
이유 없이 화가 나기도 하며 슬픔이 물밀듯이 밀려오는 날
그럴 땐 그냥 깊은 어둠 속으로 들어가고 싶기도 해요
하지만 이것만 알아주세요
우리의 인생 그래프엔 항상 굴곡이 있고
우리는 잠깐 고여 있다 가는 거라고
그리고 이건 모두 다 겪는 일이라고 그러니까
억지로 힘을 낼 필요는 없어요
힘을 빼고 흘러가길 기다리는 것도 좋은 방법이니까

너무 걱정하진 말아요
그러니깐 오늘 힘든 하루 보내느라 수고하셨고
즐거운 내일이 되었으면 합니다!

삶이라는 여행

가던 길을
다시 돌아간 적이 있다
처음 본 풍경처럼
너무 낯설어
내가 이 길을 지났던가
고개를 갸웃했던 적도 있었다

길은
늘 똑같아 보이지만
그 안을 걷는 내가
같은 날이 없어서
아무리 같은 돌멩이라도
오늘은 걸려 넘어지고
어제는 그 위에 앉아 쉬었다

누군가는

앞만 보라고 했고

또 누군가는

쉬지 말라고 했지만

나는 가끔

아무 방향 없이 걷는 날이

더 마음에 남았다

언제부턴가

내가 어디쯤 왔는지보다

오늘 무슨 향기가 났는지,

어떤 바람이 불었는지가

더 중요해졌다

이제 안다.

여행이라는 것은

이정표를 찾아다니는 것이 아닌

나의 마음을 알아내는 것이라는 것을

여행

구름이 간다
목적지가 없다

구름이
구름을 만난다

비가 된다

한없이
내리는 비

맑은 날
구름이 된다

구름이
떠다닌다

세상 구경하는 구름

내려왔다
올라왔다 하면서

여행한다

여행 2

파도에 부서져 내린
바위

자갈이 되고
모래가 되고

흩어져
다시 바다로 간다

모래 알갱이의 여행

바닷속을
탐험하는 걸까?

세상 풍파에
쓸려가는 걸까?

편안히

먼지가 되어

훨훨 날아가 버리길…

도화지

그런 느낌일까?

녹아내려
사라지는 느낌

고통도
형체도
미래도

녹아내려
없어지는 느낌

이미
녹아내리는 살은
뼈를 남기고

앙상한 뼈 위로

피가 흘러내린다

피가 마르고

남은 형체는

새하얗다

봄이 왔던가

겨울 눈밭을 헤매고 돌다
겨우 찾아든 동굴
봄잠을 자고 일어나 보니,
사나흘 이어 비가 내리고
계곡물이 불어나 넘실대는데

꽃은 피었던가

동물의 겨울잠은 살덩이를 앗아간다는데
봄잠을 자고 난 내 머릿속은 온갖 상념 사라져
떨어지는 빗방울 소리마다
마음 한 방울씩 제자리를 찾아 드는데

새는 울었던가

겨우내 모은 번민의 열매들을
꾸욱꾹 욱여넣은 채로 잠들어
꿈도 없이 삭이고 삭여내었으니

꽃이 피는 향기

꽃이 지는 소리

무엇 하나 들이지 않은 동굴에서 깨어난 지금

멀리서 들려오는 계곡의 맑은 물소리

봄이 왔던가

질투

마음에
삐쭉삐쭉
올라온다

삐쭉삐쭉
입을 내밀고

빛을 잃고
싸늘해져 가는 눈으로

사실은 부러운 눈으로
바라본다

나와 다르다
뛰어나다는 사실에

삐쭉삐쭉
올라온다

부러움
시기심으로

내가 작아진다

책갈피

우리라는 책을 읽어 내려가며
조용히 나는 끝을 짐작했어

그래, 때로는 끝이 보이는
책들이 있기 마련이기에
우리의 책은 그런 책이었기에

조용히 책갈피를 꽂고
책을 잠시 닫아두는
그런 선택을 했어

내가 끝을 보려고 하지 않으면
우리의 끝이 다가오지 않을까 봐
또 우리의 끝을 알 수 없을까 봐

잠시만 우리의 마지막을 회피할게

책갈피를 꽂은 부분부터는

우리 다음에 읽는 걸로 하자

첫사랑

사탕을 입에 넣을 때
오로지 그것에만 집중해 본 적이 있는가?

폭력적인 선홍색 자태
어느샌가 볼 한편에 자리 잡아
침샘을 자극하는 감미료

향내를 품은 보석을
이리저리 굴려도 보고
진하게 빨아도 보지만

그렇게 쉬운 상대만은 아니라는 듯
살살 풀어지며 애간장을 태운다

점차 녹아 처음의 절반이 채 안 될 때
톡-
송곳니로 갈라 보면,

펼쳐지는 맛의 향연

요동치는 향에 좀 더 취하고자
이빨로 지그시 눌러본다

바작바작한 느낌
끈적하게 들러붙는 조각들.
끈끈하지만 순식간에 녹아 없어지는…

숨을 들이쉬면
코 저편에 남아있는 잔향

들쩍지근하지만

싫지만은 않은,

우리는 모두 별의 파편이었다

처음부터 그랬다
우리는 빛이었다가
부서져, 흩어진 존재였다

어떤 이는 바다로 가
심해의 심장처럼 조용히 뛰었고
어떤 이는 숲이 되어
잎마다 고백을 숨겼다

나는, 그중 가장 가벼운 파편이라
바람을 따라 떠돌다
너에게 부딪혔다
우연처럼, 필연처럼
마침내 너의 궤도에 들었다

그리고 깨달았다
너 역시 깨어진 별이었다는 걸
사라진 중심 대신
온기를 기억하는 껍질이었다는 걸

서로의 조각난 날들을
마주 비추며
우리는 다시 불타오르기 시작했다

한 번 꺼졌던 별도
다시 타오를 수 있다는 것을
그 불빛이, 누군가의 밤을
또다시 밝힌다는 것을

그게,
사랑이었다

우주가 너에게 반했을 때

어느 밤, 별들이 조금 더 빛나더라
이상하다 싶었지
늘 그 자리에 있던 것들인데, 유난히 반짝여서.

알고 보니
네가 고개를 들고 있었더라
세상이 한순간 조용해진 것도
별들이 서로 팔꿈치로 찌르며 수군대던 것도
바로 그 순간이었다
우주가 너에게 반한 게.

달은 고요히 숨죽이며 너를 찍고,
별들은 저마다의 속도로 너에게 반사되고,
바람은 가볍게 지나가며
네 이름 세 글자를 휘파람처럼 흘리고.

나는 그 모든 것을 본 목격자였다.
내 심장이 터질 듯 뛰던 이유가
네가 예뻐서가 아니라,
세상이 너를 예뻐하기 시작한 순간이었기 때문이란 걸
그때 처음 알았다.

그 사람은 내 안에 바다를 놓고 갔다

그 사람은
내 안에 바다를 놓고 갔다.

밤이면 밀물처럼
그리움이 차올랐고,
낮이면 썰물처럼
아무렇지 않은 척 물러났다.

나는 종일
모래 위에 그의 이름을 적고
파도에게 지우게 하는 일을 반복했다.

때로는
그가 웃던 소리가
고래의 울음처럼
멀리서 들려왔다.

사람들은 말했다.
"겨우, 사랑 하나였잖아."

하지만 그건 사랑이 아니라
기후였다.
한 사람이 내 세계 전체의
날씨가 되어버린,
그런 계절이었다.

그리고 나는
내 안의 바다가 너무 깊어져
끝내 그를 떠나보내기 위해
스스로 익사하는 법을 배웠다.

지금도 파도는 친다.
아무도 모르는 내 속에서
그 사람은 여전히
감정의 파동을 지휘하고 있다.

사람 없는 풍경

흐름

당신의 발걸음은
나의 마음속 물결의
흐름을

당신의 향기는
나의 콧속
공기의 흐름을

당신과의 추억은
나의 뇌 속
추억의 흐름을

당신의 모든 것들이
나를 흐르게 하네

그런 나에게

이따금 나는
힘들어요

강렬한 햇빛이
서늘한 그늘이
이 공기의 향이

나는 이따금
힘들어요

그런 나를
해바라기처럼
은방울꽃처럼
대하는 당신은

이따금 나는
괴로워요

주변이, 사람이
나는 괴로워요

그런 나에게
비가 내리는 날
우산 같은
당신은

한 아이처럼
개구리인 나를
보고는
한없이 기뻐하네요

변화의 길

한때는
가기 싫은 날이 많았다
배우고 싶기보다
그저 끝나기만을 바랐다

엄마 손을 잡고
무표정한 얼굴로
같은 길을 반복하며
발걸음을 옮겼다

눈은 자주 감겼고
마음은 멀리 있었다
배움은 시키는 일이었고
그 '해야만'이 답답했다

하지만 지금은 다르다

내가 고른 시간에

기꺼이 자리에 앉아

조용히 나를 바라본다

알고 싶고

닿고 싶어서

나는 나를 데리고 간다

그때의 나도

지금의 나도

모두 같은 나였지만

마음이 달라지니

길도 달라졌다

파도

숨을 멈췄고
파도가 내 이름을 부르기 전이었다

푸른 어둠 속으로 명멸하는
검은 태양은
낡은 신에게 손을 뻗으며

은빛 물결 일렁이는
어둠 속으로 춤을 추며
남은 숨을 터뜨렸다

잊혀지는 삶의 조각들

무언가 부족하다 느껴질 때 억지로 채우려고 발버둥친다. 가장 큰 외로움에서 그런 걸 더 느낄 수 있다. 지금 당장 외롭다고 만나는 사랑은 진짜일까?
내겐 늘 궁금증으로 다가온 온전한, 한 사람에게 주는 사랑. 불가능한 걸까.

내 기억 속 한 조각이 사라진다면 나를 나로 볼 수 있을까. 중요한 한 부분이 어느 날 기억 속에서 남아있지 않다면 어쩌면 나를 바라본 나의 시선이 진짜일까 의문이 들까.

점점 사라져만 가는 과거의 기억.
때론 꿈속에 찾아온 과거의 추억.
억지로 생각하려 하면 달아나는 과거의 행복.
불쑥 찾아와 행복을 해치는 과거의 아픔.

그렇게, 오늘의 나를 살아가는 나에게
자존감이 낮아질 대로 낮아진 스스로에게
덕분에 잔잔하고 진중한 글을 쓸 수 있다는 위로와 격려를 보내본다.

삶 2

삶의
서툰 조각들이
아직도 박혀 있어
정신 못 차리나 보다
너무 아프다

잊힌 조각들

점점 잊혀
조각이 되고
부스러기가 되고
재가 되어 사라진다
하나는 추억
하나는 기억
하나는 사랑.
잊고 싶은 기억의 조각은
바다의 바닥에 걸린 닻처럼 잊혀지지 않고
기억해야 하는 아름답디아름다운 기억은
내 머리에서 날아가버리는구나

횃불

너희에겐 곤욕일줄 모르나
나에게는 사명감이 주어졌다

내가 한 번 더 집중시키고
내가 한 번 더 이해시키므로

너희들의 미래가 달라질 것이고
너희들의 대학이 달라질 것이니깐

금전적인 이유를 떠나서
나는 너희들의 미래를 밝혀줄 횃불이니깐

향수

오늘은 거리에서
그대를 닮은 향을 맡았습니다

다 잊은 기억인 줄 알았는데
코끝을 스치는 그때의 냄새에

가슴 한켠에 묻어둔 그 기억
다시 한 번 스쳐 지나가곤 합니다

향수에는 기억이 묻어 있다더니
그 말이 사실인가 봅니다

그렇게 그대가 묻어있는 향에
조금은 서글픈 추억에 잠겨

조금은 서글픈 하루를 보냈습니다

-랜덤-

요즈음은 뭐든
랜덤으로 통한다

여행지 숙박지도
룸메이트도

아파트 동호수 추첨도
모든 것이
랜덤인 세상

열차

흰 눈이 내린다
동굴 속을 달리는
빛 무리에 어둠이 나부끼고

차가운 금속음 속에서
공기가 비명을 질러댄다
침묵을 떠도는 귓가에
불협화음을 연주한다

다음 계절을 토해내길 기다리는 나는
잠을 청한다

목 떨어진 구름이
점령하지 못한
계절의 끝으로

열차 속 어둠에
몸을 묻고 간다

주사위

우리는
뜻도 없이
세상에 던져졌다.

묻지 못했다.
왜 나인가
왜 지금인가.

주사위는
그저 멈춘다.
멈춘 뒤에
상처를 안고,
의미를 찾고,
길을 만든다.

던져졌기에
나는 자유다.
던져졌기에
나는 살아야 한다.

이 우연을
나는 나답게 굴린다

선택

무엇이 되든 무엇을 하든
내게 선택권이 있는가?

무작위적인 운명이 와야
내가 선택할 수 있는가?

무작위적인 순간이 와야
내가 선택할 수 있는가?

내게 선택권이 있는가?
무엇을 보든 무엇을 겪든

나만의 멋

흘러가는 유행
굴하지 않는 나

검은 수트 속
퇴색된 단추 사이로
비치는 살구빛

그 여백은
의도된 호흡이요
완결 없는 대답일지어니

시선은 부드러운 질문이 되고
침묵은 나만의 언어가 된다

굳이 말을 할 필요가 있으랴
내 존재가 증명인데

그저,
나만의 태도
나만의 속도로
나만의 길을 걷는다

아무 말 없이
머무는 확신을 가진 채

고요한 밤의 기록

고요한 밤,
소음으로 가득 찬 마음 한켠을
조용히 내려놓고 싶어
메모장을 열었다.

꾹꾹 눌러 담은 말들,
토해내듯 쓴 글 한 편에
숨을 한 번 내쉬고 나서야
비로소 잠이 스며온다.

무심히 흘러가는 하루 속,
켜켜이 쌓인 마음의 무게가
이제야 괜찮아졌나 보다.

내일의 나는
조금 더, 편해졌기를.

-무더운 주말 밤-

낮에 그렇게 내리쬐던
무더위가 밤이 되니
조금 시원하구나.

바람도 살랑살랑 불고
옛날 나 어릴적 여름밤은
어땠을까 생각에 잠겨본다.

옛날 어릴 적에는 대청마루에 누워서 뒹굴뒹굴
우물 안에 넣어 두었던
수박을 꺼내어
엄마는 화채를 만들어 준다.

어릴 적이 그립다.
아무런 근심 걱정 없던
어린 시절이~

공부 외는 걱정이
없었던 것 같다

이런 무더위에
그래도 어릴 적 생각을
할 수 있다는것은
행복한 시간인 것 같다.

소나기

언제나 사랑을 주겠다는 당신은
스쳐 지나가는 소나기처럼
망설임 없이 뒤돌아갑니다
그 뒷모습을 바라만 볼 뿐
붙잡지 못하고 쓸쓸히 우비를 뒤집어 쓴 저는
제 자신을
원망하기만 할 뿐입니다

저는 외롭고 슬픈 사랑을 했지만
가장 행복한 사랑을 했습니다
그대 자리에 남은 물웅덩이가 저에게
더 무겁게 다가옵니다

그대는 더 좋은 사람을 만나라고
제게 말합니다
하지만 저는 오늘도
언젠가 다시 내릴 소나기를 기다리며
그대를 마음속으로 되새깁니다

인생

인생이란 무엇일까?
한 아이가 할아버지에게 물었다

그러자 할아버지는
"인생이란 힘듦과 역경 속에서 묵묵히 살아가는 것이란다"
라고 말했다

아이는 이제야 깨달았다
할아버지의 눈빛이 흔들리고 있다는 것

경외

숨을 고르게 만든 것은
바람도, 빛도 아닌
네 앞에 선
내 마음이었다.

가까이 다가설수록
말은 점점 작아지고
침묵은 오히려 더 많은
경의를 품었다.

두 손을 모으는 일엔
기도와 항복, 사랑이
겹겹이 스며 있었고
나는 그 모든 감정을
한눈에 안겨주고 싶었다.

네 존재가
세상의 균형처럼
당연하면서도 경이로웠다.

그래서 나는
사랑이란 말보다
먼저 고개를 숙였다.
경외라는 이름으로.

여름은 가만히 뜨거웠다

텅 빈 방 안,
천장에 붙은 선풍기 날이
뱅글뱅글 시간을 휘감는다.

창밖에서는 매미가 목청을 찢고,
기억은 얼룩처럼
햇빛 아래 번져갔다.

그 여름의 한가운데서
우린 아무 말도 하지 않았지.
말 대신,
이마에 맺힌 땀을 바라봤고
서로의 숨소리에 귀를 기울였다.

햇살은 너의 그림자를 길게 눕히고,
나는 그 속에 몰래 숨어
조금 덜 더운 척을 했다.

모든 것이 느릿하게 녹던 계절,
손끝 하나 닿는 데도
용기가 필요했던 날들.

여름은 그렇게
우리 마음 한 귀퉁이를
타들어가게 했다.

여름이었다.

어항

낡은 빌라는 큰 바위.
사이사이 작은 골목길에
피어난 해초는 민들레.
우거진 전봇대
그곳에는 바다를 헤엄치는 줄 아는
작은 물고기가 살았습니다.

물고기는 부서진 콘크리트 자갈 위를 뛰놀고
거북이들의 수다들을 엿들으며
작은 세상을 누빕니다.

어느덧 시간이 지나
거대한 아파트는 산호초 무리를 이루고
반듯한 포장도로가 뻥 뚫린 물길을 만들고
반듯한 가로수가 자라납니다.

소녀는 종종 작은 세상을 떠올립니다.
바다인 줄 알았던 곳을 말이지요.
하지만
이젠 그저 어항이 돼버린 고향일 뿐입니다.

녹슨 자물쇠

당신은 마음이라는
문에 자물쇠를 걸었다.

그 자물쇠를 열려고
노력을 했건만

시간이 흘러
녹이라는
원치 않은 꽃이
피어났다.

문이 열리길
1분을 기다리고
1시간을 기대하고
하루를 회피하고
한 달을 문고리를 잡았다.

그러나 그 끝에는
더 세게,
더 단단히,
더 녹슬어 있는
더 이상 열 수 없게 된
자물쇠가 날 반겼다.

사랑의 방식

당신에게 세상을 다 주고 싶지만,
당신은 그 이상의 가치가 있잖아요.
세상 같은 건,
당신 앞에 놓기엔 너무 가벼운 것이더라고요.

어떤 말을 해야,
이 마음이 온전히 닿을지.
사랑한단 말도 너무 가볍게 느껴져요

그래도 차마 대체할 말이 없어서,
보내드릴 말이 부족해서

아마도 이 마음은,
선물처럼 포장해 내밀 수 있는 종류의 게 아니에요.
자꾸만 주춤거리다,
결국 아무것도 내밀지 못한 손으로
당신 옆에 그냥, 머무는 식이죠.

하지만 그거 알아요?

그 조심스러운 머뭇거림에,

내 마음이 얼마나 꾹꾹 눌러 담겨 있었는지.

당신은 모를 수도 있어요.

그게 내가 할 수 있는 최선이었다는 걸.

그리고 그게,

내가 당신을 얼마나 깊이 생각했는지를 말해주는 방식이었다는 걸.

외눈박이 난쟁이

저는 난쟁이라 무엇에도 쉽게 휩쓸립니다.

하늘님에게 안겼을 때 감히 짐작할 수 있는 푸르름은 한없이 넓게 느껴집니다.
천둥님의 쩌렁쩌렁한 호통 소리는 고이 단잠에 든 저를 화들짝 놀라게 합니다.
별님이 잠깐의 슬픔에 겨워 흘린 눈물 한 방울은 저를 완전히 잠기게 하고도 남습니다.

저는 동시에 외눈박이라 무엇이든 온전히 느낄 수 없습니다.

분노한 천둥님이 들이닥칠 때면 하늘님의 따뜻함을 단번에 잊기 십상입니다.
별님의 바다에서 허우적대다가도 하늘님을 생각하면 푸르른 들판을 걷고 있게 됩니다.
별님의 눈물로 제 몸을 씻어낼 때면, 천둥님의 호통 소리도 아예 없었던 것처럼 싹 가십니다.

저는 저만 한 보따리를 싸고 다닙니다.
하늘님도, 천둥님도, 별님마저도 풀어 헤칠 수 없습니다.
이 보따리만큼은 무엇에도 휩쓸리지 않고 온전히 느낄 수 있습니다.

저는 앞으로도 이 보따리를 지고 다닐 겁니다.
아마 이것이 제 유일한 벗이겠지요.

장마의 숨

창틈에 스미는
빗물의 체온

감잎은 오래된 발자국을 덮고
장독은 구름을 익힌다

말 없는 그리움이
빗속에서 숨을 고른다

조용한 스며듦
그 끝에서
하늘은
다시 태어난다

너에게 나는

너에게 나는 그런 사람이었다.
영원이 없다고 믿던 나에게
영원을 믿게 해 준 사람.

사랑? 그딴 건 없다고 하던 나에게
사랑을 속삭이며
사랑을 알려준 사람.

그런 너에게 나는 무슨 사람일까?

항상 궁금했다.
너는 나에게 행복, 사랑, 영원을 알려주었는데
나는 너에게 어떤 걸 알려주었을까
너는 나에게 왜 이리도 잘해줄까

나는 항상 너에게 받기만 했는데
너는 나에게 왜 잘해줄까

네가 나에게 해준 것들을 기억해,

나는 너에게 모든 걸 바치겠다.

나의 이름을 걸고,

너에게 모든 걸.

시간

우리는 언제나 같은 하늘에 있어요
같은 공기와
같은 빛들과
자연은 언제나 우리와 함께하죠.

우리는 언제나 같은 시간에 있어요
한 시간은 60분이고
하루는 24시간이고
시간은 언제나 움직이죠

그러니까,
제 생각엔요.

우리는 같은 세상에 있어요.
어디에 있든,
언제에 있든,
시간은 언제나 미래를 향하잖아요.

쇠똥구리

쇠똥구리는 원래 그래.
아침에 눈 뜨면 오늘 굴릴 똥부터 챙겨.
크기, 윤기, 굴리기 좋은 각도.
이게 내 삶이야.
이 똥으로 살고, 먹고, 애 키우고, 집 사고, 커리어 쌓고.
앞에 물웅덩이? 뭐 그런거 있다고 그러던데.
나랑 무슨 상관인데?
나는 똥 굴리느라 바빠.
지금 굴려야 오늘 잠자리 깔 수 있어.
물웅덩이 크다던데?
글쎄. 나는 못 봤어.
아니, 안 봤어.
딴 애들이랑 비슷한 속도로만 굴리면
내 똥도 그럭저럭 굴러가겠지.
그냥 그런 거야.
쇠똥구리는 원래 그래.
일단 똥 굴리는게 맞대.

가장 조용한 폭풍

아버지의 술잔이
유독 깊게 기울었던 그날
우리 집도 함께 기울었다네

술에 취해 엎드린 아버지 눈에
맺혀 있던 참으로 쓰디쓴 이슬 하나
그게 내 눈에 스며든 날,
내 마음은 요동쳤다네

아무 말 없이
의자에 걸려 있던 외투를 들어
등에 지고 있던 그 짐을
잠시, 감춰주었을 때

내 마음은
또 한 번
요동쳤다네

내가 그의 등을
더 무겁게 한 것은 아닐까

그가 더 숙여진 것은
내 착각인가

한참을
생각했다네

비

낭만에 젖으면 아프다.
깊게 빠지면, 슬프다.

오늘 내린 비 속에서 담은 사진들 속에
나의 낭만은 살아있는가.

어쩌면, 다신 없을 특별한 경험을 이곳에서
오래도록 기억할 수 있기를.

비 오는 오늘, 세상은

비가 조용히 내리는 오늘
세상은 천천히 더 고요하게 숨 쉬고 있어

물방울이 창을 타고 흐를 때
그 속에 하늘이 잠시 머물다 가고
젖은 나뭇잎 위에 맺힌 빗방울은
세상에서 가장 투명한 거울이 돼

우산 아래 작아진 사람들의 발걸음
물웅덩이에 번지는 노란 불빛
그 모든 게 오늘은 괜히 더 예뻐 보여

비가 내리면
세상은 조금 느려지고
그 속에서
보이지 않던 아름다움이
조용히 빛난다.

바람

그날도 바다는 고요했어
고요하다는 말은
언제나 가장 먼저 의심해야 해

부두 끝에 남겨진
짙푸른 슬리퍼 한 켤레
젖지 않았다는 건
누군가 일부러 뒀다는 뜻이겠지

파도는 기억을 씻어내는 재주가 있어
모래는 발자국을 삼키는 기술이 있고

바람만이 알고 있었을 거야
마지막 그 사람이
어디로 향했는지

아니면

누구에게 밀렸는지

이상하게도 갈매기들은
그날따라 한 마리도 울지 않았어

새벽 공기

너 없는 새벽은
검은 장미 한 송이.
예쁘게 피었다만
향과 온기가 남아있지 않다.

너 없는 새벽은
검은 튤립 한 송이.
사랑은 있었고,
이루어질 수 없었다.

나는 그 꽃을 바라보며
하루를 건딘다.
피지 않는 조화인 걸 알지만
피길 바라며 날이 지나길 바란다

너에게 빠지다

그렇게 너는 그리도 태양을 닮아서

살랑이는 몸짓에도 눈이 부시다

그렇게 나는 별빛이 되어

네 뒷편에 숨어 배시시거린다

너에게 흠뻑 젖고 싶었다

너와 영원한 사랑을 하고 싶었다
하지만 우린 같은 계절을 살아도
다른 방식으로 사랑했다.

나는 자꾸만 젖으려 했고,
너는 자꾸만 말리려 했다.
우리는 서로를 이해하지도,
그래서 닿지도 못했다.

그래서 끝내 사랑이라는 이름 아래,
맞춰지지 않았던 우리는 서로를 놓기로 했다.
나는 흠뻑 젖은 채,
너는 마른 채 조용히 등을 돌렸다.

그러니까 이건 사랑하지 않아서가 아니라,
사랑하는 방식이 너무 달라서 만들어진 거야

01. 생각하고 말하자

02. 낭비한 시간에 대한 후회는
    더 큰 시간 낭비

03. 인생은 롤러코스터와 같아
    둘 다 오르막과 내리막이 있지만
    두려움에 떨거나 즐기는 것은 너의 선택이지

04. 과거에 대한 후회는 자기 스스로
    자신의 자존감을 깎아 내릴 수 있는
    가장 빠른 방법이야

05. 나를 위해 웃어주고
    나를 위해 울어주는
    그런 착한 친구 놓치지 마

06. 너가 나에게 사과를 한다고 해서
    마음의 상처가 아물어질 거라고 생각해?
    아니?
    그럼 사과 한마디에 상처가 아물어질 거면
    그게 상처겠냐?

07. 다 괜찮아질 거고
　　너는 지금 잘하고 있잖아
　　그리고 지금까지 늘 그랬듯이

08. 오는 친구 내치지 말고,
　　가는 친구 붙잡지 말라.

09. 고통 없는 보상은 없다

10. 우리의 우정은 안녕으로 시작해서 안녕으로 끝나는구나

11. "저는 의미 부여를 하는 것을 좋아해요"
　　"그거는 의미 부여가 아니라 의미를 찾는 거란다"

12. 남들의 비웃음을 두려워 하지도 말고
　　겁먹거나
　　그런 말에 넘어지지도 말자
　　나는 생각보다 강한 사람이다.

13. 너의 한계를 시도해보고 무언가를 다 도전해봐
　　너는 너의 생각보다 강하고 무엇든지 할 수 있다는 거를 기억해

14. 조금 서투르면 어때?
    조금 부족하고 뒤처지면 어때?
    모두 우리가 처음 살고 있는 '오늘'인데

15. 달을 향해 쏴라
    '빗나가도 어차피 별이 될 테니까'

16. 나는 천천히 가
    다만 뒤로 가지는 않아

17. 꿈을 크게 가져라
    부서져도 조각이 클 수 있게끔

18. 포기하지 않으면 실패도 없다

19. 오늘을 마지막처럼 살아라

20. 괜찮아… 아니, 안 괜찮더라

21. 사람들에게 위로를 받기도 하고
    사람들에게 상처를 받기도 하고
    하지만 그 상처를 어쩌면 그 사람이
    나에 대한 관심일지도 모른다.

22. 모든 사람들이 굳이 완벽해야만 하는 거는 아니고
    모든 사람들이 완벽하지는 않는다.

23. '지쳤다'는 꾸준히 노력한 증거
    '실패했다'는 도전한 증거
    '긴장된다'는 진심의 증거
    '그만둘까'는 희망을 포기하지 않은 증거
    '솔직해질까'는 배려의 증거

24. 나는 늘 나를 싫어했다.
    항상 부족했고,
    잘 못해서 그런데,
    그 기준은 모두 남이 정한 것이었다.
    '이 정도는 해야지', '그렇게 하면 안 되지'같은 말들.
    그걸 내 안에 넣고,

내가 나를 찔렀다.

감정적으로 보면,

그건 너무 아픈 일이었다.

살면서 가장 오래 괴롭힌 사람이 바로 나였으니까.

이제 그 미움을 내려놓기로 했다.

이유는 간단했다.

나는 미움당할 이유 따윈 없으니까.

25. 실패는 중요하지 않아

    다시 도전하는게 중요하지

26. 인간은 스스로 가치를 정한다.

    그리고 정한 만큼 취급받는다.